VOICES
Sax ver. feat. 矢野 沙織

2017年　ソニーモバイルコミュニケーションズ「Xperia」CM曲
Music by　Tatsuki Hashimoto　　Played by　Saori Yano

　話題のTV-CM、"Xperia XZs"に出演しているジャズサックス奏者、矢野沙織さんが演奏しているのは、"ユーザーの声を大切にしたい"という想いを込めて名付けられたCM曲『Voices』。
「私はジャズサックスの奏者なので音源は生の楽器にこだわりました」というだけに、アコースティックでJAZZYなサウンドを聴かせてくれます。
レコーディング時は、コードとテーマのモチーフが書かれたシンプルな譜面をもとに、どこにアドリブを入れるかということと構成だけ決めて、他はセッションを重ねながら形にしていったそうです。このピース譜では、テーマ（メロディ）やコードの他、彼女のアドリブ部分も再現しています。

演奏アドバイス

テーマのモチーフがずっと繰り返されるメロディで、さらに合いの手も自分で入れるような感じなので、吹いていくうちに結構忙しくなってくると思います（笑）。なので、リズムに乗ってブレスをタイミング良く取っていくことは大事ですね。
シンプルなモチーフだけに運指ミスや休符のノリ違えがあるといけません。モチーフ部分はイーブンな16分音符を心掛けてください。
それから、繰り返し練習していくことで、例えば A の4小節目のようなタイミングで入るリフを自分で考えるなど、イメージが湧いてくるでしょう。そうしたら譜面は無視してしまって好きなタイミングで自分なりのモチーフやリフを入れてみましょう。とても発見の多い一曲となると思います。

（矢野沙織）

＼音源無料ダウンロード！／

VOICESのホームページより、音源の無料ダウンロードが可能。フルバージョンのミュージックビデオもご覧いただけます。

http://www.sonymobile.co.jp/voices/music/

VOICES Sax ver. feat. 矢野 沙織

2017年　ソニーモバイルコミュニケーションズ「Xperia」CM曲

■ Music by Tatsuki Hashimoto　■ 採譜：山口宗真

■ VOICES

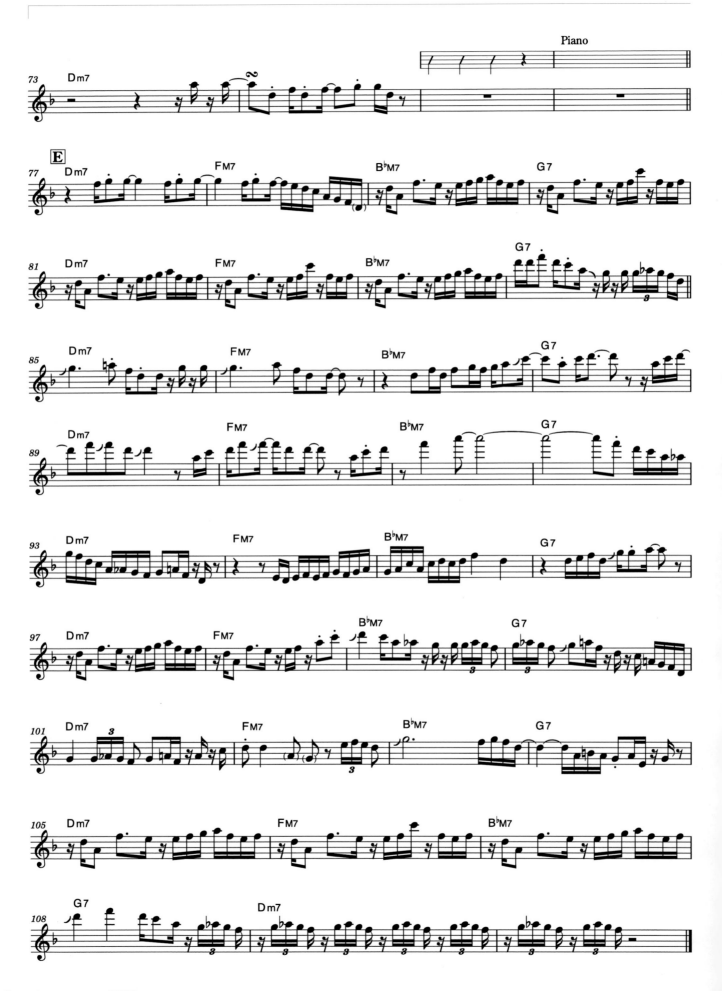

サックスピース

VOICES Sax ver. feat. 矢野沙織

発行日：2017 年 9 月 30 日 初版

発　行：アルソ出版株式会社
　　　　〒 161-0033 東京都新宿区下落合 3-2-16-2F
　　　　Tel.03-5982-5420　Fax.03-5982-5458

楽譜浄書・DTP 制作：（株）MCS

無断転載、複製、複写厳禁　Printed in Japan　　乱丁、落丁はお取りかえいたします。
NexTone PB40417 号
ISBN978-4-87312-442-1　C0073　¥1200E

ISBN978-4-87312-442-1
C0073 ¥1200E

定価（本体1,200円＋税）

ALSO

ひらがなの生き方

むらかみのぶお / さくし
ながもり かおる / さっきょく